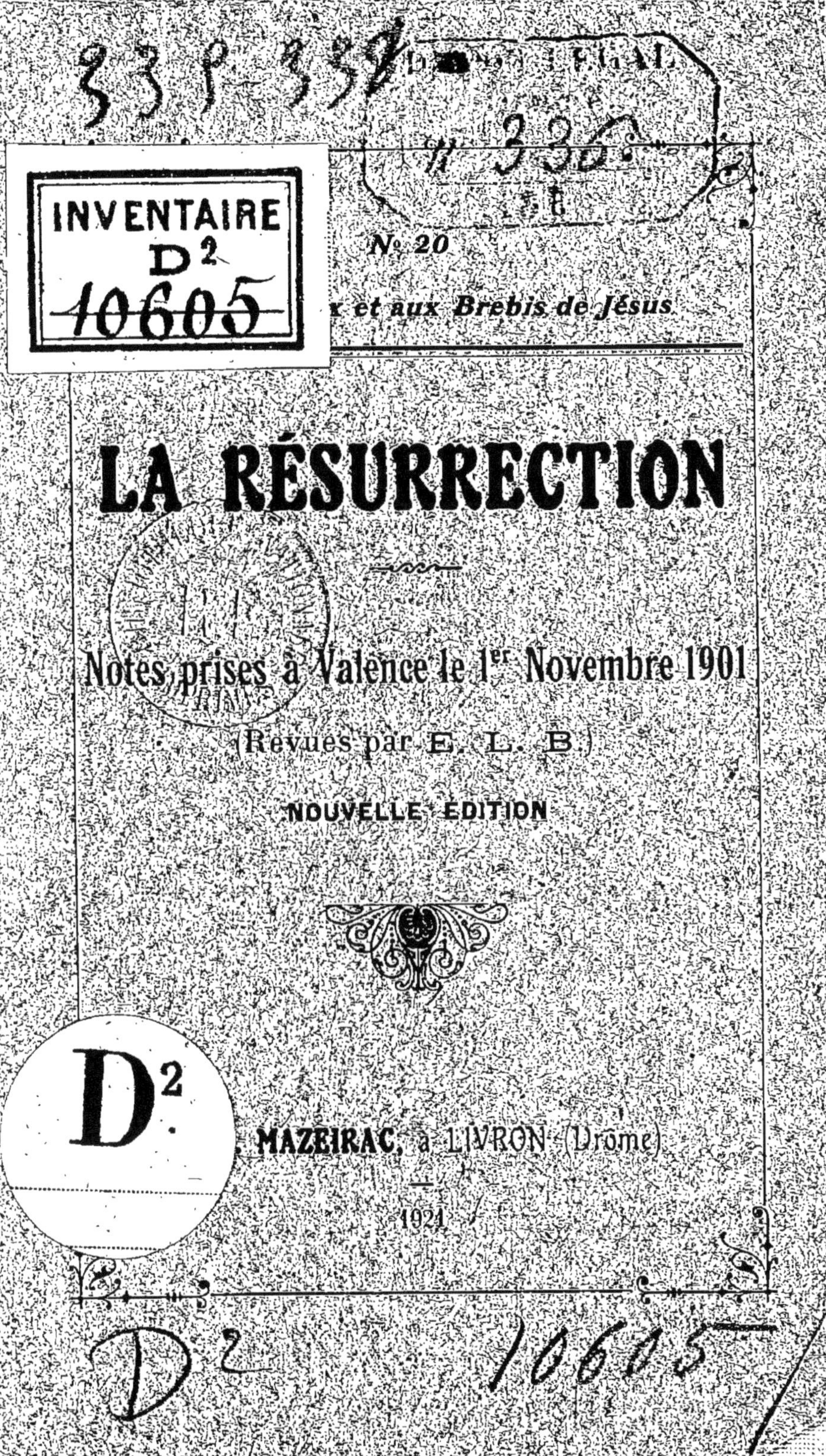

Nº 20

x et aux Brebis de Jésus

LA RÉSURRECTION

Notes prises à Valence le 1er Novembre 1901

(Revues par E. L. B.)

NOUVELLE ÉDITION

MAZEIRAC, à LIVRON (Drôme)

1921

LA RÉSURRECTION

Notes prises à Valence, le 1er Novembre 1901

ÉTUDE DU MATIN

Considérons la Résurrection, d'abord d'une manière générale ; en second lieu, dans ses effets actuels chez ceux qui sont déjà (spirituellement) ressuscités avec Christ.

1 Corinthiens, XV, 12-34.

Voici devant nous un événement extraordinaire : Jésus est ressuscité. Il est sorti du domaine de la mort ; et, le seul fait qu'un homme est ressuscité d'entre les morts fournit la preuve qu'un jour un nouvel ordre de choses prendra la place du monde actuel.

Christ est mort et a été enseveli ; mais l'excellente grandeur de la puissance de Dieu (Eph., I, 19-20), a été déployée dans la tombe de Joseph d'Arimathée pour ressusciter Celui qui s'y trouvait. Ce n'est pas sans raison que l'ensevelissement du Seigneur est mentionné (1 Cor., XV, 4) ; car il est la confirmation du fait que la mort a eu lieu. Une personne ensevelie est une personne qui a disparu de ce monde, c'en est fini d'elle ; lorsque notre Seigneur mourut et fut enseveli, toutes les espérances terrestres qui se rattachaient au Christ disparurent avec Lui.

Sa résurrection, donc, était un nouveau commencement. Dieu avait déployé sa puissance à Lui dans le domaine de la mort, et en avait fait sortir Celui qui y était descendu en parfaite obéissance ; un nouvel ordre de choses commença ce premier jour de la semaine (Jean, XX).

La résurrection est la sortie du pouvoir de la mort. Il importe donc, d'abord, de comprendre ce qu'est la mort.

Nous ferions bien de considérer sérieusement cette question, car de nos jours on en parle trop facilement. Elle n'est qu'une loi physique et naturelle, dit-on, tandis que nous savons qu'elle représente le jugement de Dieu sur l'homme, sur toute la race qui commença par Adam.

La sentence de mort a été prononcée sur Adam lors de son acte de désobéissance. « Au jour où tu en mangeras (du fruit défendu), certainement tu mourras ». Adam devint mortel au jour où il désobéit à Dieu. Il faut noter que Dieu chassa l'homme du jardin et de sa présence ; et qu'il y avait là la mort morale, c'est-à-dire qu'Adam était éloigné de Dieu et ne pouvait plus jouir de sa communion.

L'état de mort, moralement parlant, est révélé dans le Nouveau Testament ; je ne crois pas que cette vérité soit révélée dans l'Ancien Testament, quoiqu'il en contienne plusieurs figures.

Or, la résurrection est l'intervention de Dieu pour nous délivrer du pouvoir de la mort : *physiquement*, parce qu'aucune parcelle de notre poussière ne restera dans le tombeau ; *spirituellement*, parce que nous sommes déjà ressuscités avec Christ, ayant le privilège de connaître la puissance de sa résurrection.

Nous sommes dans un monde où la mort règne ; mais puisque notre sujet est celui de la résurrection, il nous sera profitable d'en remarquer quelques types présentés dans l'Ancien Testament, avant que Jésus fut littéralement ressuscité d'entre les morts.

Dieu nous enseigne, par des figures, que toute son action dans un monde de mort, est basée sur la résurrection.

Ainsi, lorsque les promesses furent faites à Abraham, elles lui furent assurées par la résurrection. D'abord la naissance d'Isaac a été accomplie par le déploiement de la puissance de Dieu, là où tout était mort ; puis Isaac lui-même a été « reçu d'entre les morts en figure », il avait été offert sur l'autel.

Dans l'histoire de Môïse, la mer Rouge représente la résurrection de Christ ; au désert, lorsque le peuple se rebella et que Moïse ne pouvait plus le conduire en avant, la puissance de la résurrection a été manifestée dans la verge d'Aaron qui a bourgeonné. Le bois sec fleurissant et produisant des amandes, n'annonçait-il pas la puissance de la résurrection dans la sacrificature de Christ ? (Nombres, XVII).

Plus tard, dans le ministère d'Elie et d'Elisée, nous voyons des cas de résurrection ; en 2 Rois, XIII, on enterrait un mort dans le tombeau d'Elisée (cet homme extraordinaire qui avait reçu une double portion de l'Esprit) ; quand il toucha les os du prophète, le corps reprit vie, et se leva sur ses pieds.

L'ombre qui retourna de dix degrés en arrière sur le cadran d'Achaz, à l'occasion du relèvement d'Ezéchias, était aussi une figure de la résurrection.

On pourrait citer plusieurs autres faits de l'Ancien Testament où la résurrection est anticipée.

La résurrection, nous l'avons dit, est le déploiement de la puissance de Dieu là où la mort domine. Or pour mieux comprendre ce qu'est la mort, il nous faut lire le Nouveau Testament.

Regardons un instant au chapitre XI de l'Evangile de Jean, où Jésus Lui-même pleura devant le tombeau de Lazare. La mort était entrée dans la maison à Béthanie, et grande était la douleur de cette famille. Tous les assistants semblaient être sous la puissance du terrible roi des épouvantements ; Marie même, qui était plus avancée que la plupart des spectateurs, sentait la pression de la mort, et Jésus frémit en Lui-même.

Or ce n'est pas parce qu'Il avait perdu Lazare que notre Seigneur frémit et pleura (Il allait le ressusciter), mais parce qu'Il sentait, comme Lui seul pouvait le faire, combien était terrible le sort de l'homme exposé à la mort. Le jugement de Dieu pesait sur tous ; la crainte de la mort terrifiait les cœurs. Jésus pleura.

Je n'aime pas qu'on parle avec légèreté de la mort. Ceux qui le font n'ont jamais senti combien elle est terrible.

Or, c'est justement dans le chapitre XI de Jean que Jésus dit que Lui est la résurrection et la vie. C'est en face des ravages de la mort qu'Il parle de la vie ; mais il a fallu qu'il ressuscitât d'entre les morts, qu'il répondit à toute notre responsabilité comme enfants d'Adam, pour qu'il devînt *pour nous* une source de vie. Lui seul pouvait le faire. Il est descendu, Lui, une Personne divine, dans la mort ; il est ressuscité, et comme dernier Adam, il donne la vie en abondance. Voilà pouquoi la résurrection est mentionnée avant la vie, dans la réponse à Marthe ; mais Lui, le Fils de Dieu, pouvait seul dire : « Je suis la résurrection et la vie ».

Au chapitre XX de Jean, le Seigneur donne la vie en abondance comme dernier Adam. Il souffle sur les disciples et leur communique l'Esprit comme vie. Il avait vaincu la mort ; il avait tout laissé en ordre dans le tombeau, il en était sorti victorieux.

C'est dans le sépulcre de Joseph d'Arimathée que s'est déployée l'excellente puissance de Dieu ; c'est-à-dire, celle de la résurrection. Jamais chose pareille n'avait eu lieu. A la création, une grande puissance divine, qui a appelé les mondes hors du néant, a été célébrée par les anges, mais ici nous voyons une puissance plus grande encore.

Lorsque Jésus ressuscité sortit du tombeau, la preuve fut donnée que la mort avait été vaincue ; la vie et l'incorruptibilité ont été mises en évidence.

Celui qui était ressuscité avait goûté la mort pour tout. Il ne s'agit plus ici des figures ou des ombres de la mort. Jésus avait goûté la mort ; lui, le Saint et le Juste, lorsqu'il prenait la place de l'homme responsable devant Dieu, avait été abandonné. Tout le jugement divin était tombé sur Lui ; nul ne peut comprendre ce que le Rédempteur a souffert, lorsqu'il a livré son âme en sacrifice pour le péché. Jadis quelqu'un disait, peut-être avec raison, que même les âmes qui seront éternellement damnées ne pourront jamais se faire une idée de ce que Jésus a souffert lorsqu'il a été fait péché pour nous. Pour affronter la mort et la vaincre, il a fallu qu'une Personne divine vînt du ciel.

Or, dans 1 Corinthiens, XV, 20-28, il s'agit d'une parenthèse où le plein résultat de la résurrection de Christ nous est présenté. Le verset 29 se rattache au verset 19, et dans les versets 20-28 nous voyons un glorieux tableau où tous les effets de la résurrection se déroulent devant nos yeux, depuis que Jésus sortit du tombeau jusqu'à « la fin », quand il aura remis le royaume à Dieu le Père.

Il serait bon d'observer l'ordre des événements dont parle ce passage.

1° La résurrection de Christ d'entre les morts, prémices de ceux qui sont endormis. Voici le dernier Adam ; par l'*homme* est la résurrection des morts, et Jésus ressuscité a le droit d'appeler hors de leurs sépulcres tous ceux qui y sont. Comparez Jean, V, 28-29.

2° La résurrection de ceux qui sont de Christ à sa venue. Celle-ci est la première résurrection.

3° La fin, quand le Seigneur aura mis tous ses ennemis sous ses pieds. Le dernier ennemi est la mort ; après le dernier jugement, la mort et le hadès seront jetés dans l'étang de feu (Apocalypse, XX). La résurrection des morts aura lieu à la fin du règne ; ni la mort ni le hadès n'existeront après ce dernier acte du Christ. Par « ce dernier acte », il faut comprendre « la fin » ; l'expression « la mort et le hadès furent jetés dans l'étang de feu », doit se prendre évidemment au figuré, et veut dire que l'état de séparation entre corps et esprits n'existera plus.

Quand toutes choses Lui auront été

assujetties, alors le Fils aussi lui-même sera assujetti à Celui qui lui a assujetti toutes choses, afin que Dieu soit tout en tous.

Cela nous conduit aux nouveaux cieux et à la nouvelle terre, ou aucun ennemi ne pourra entrer ; où l'équilibre sera *stable*. L'ennemi même ne peut franchir les limites de la résurrection.

Voici donc la pleine victoire divine sur la mort dans la personne du Christ. Tâchons de bien saisir la portée de ces événements.

Il faudrait remarquer que la mort n'est pas encore *abolie ;* elle est annulée, sa puissance est brisée pour le croyant, mais elle ne sera abolie qu'à la fin (Apoc., XX, 14). Déjà, cependant, les clefs de la mort et du hadès sont entre les mains du Christ ressuscité. C'est ainsi que parle le Seigneur, en Apocalypse, I, 17-18. « Je suis le premier et le dernier, et le vivant ; et j'ai été mort, et voici je suis vivant aux siècles des siècles, et je tiens les clefs de la mort et du hadès ». Pour nous, croyants, cela est infiniment précieux, car nous connaissons déjà Jésus comme le Vivant, et comme Celui qui, ressuscité, a tout pouvoir dans le monde invisible.

Pour peu que nous restions ici-bas, nous perdons nos amis, nos parents, nos enfants, nos femmes, nos maris... et quel bonheur pour nous de les savoir recueillis par Celui qui a été mort, qui vit aux siècles des siècles et qui tient les clefs de la mort et du hadès !

Mais nous allons nous occuper maintenant de l'effet moral de la résurrection sur notre vie dans ce monde. L'Apôtre Paul avait appris à ne pas avoir confiance en Lui-même, mais dans le Dieu qui ressuscite les morts (2 Cor., I, 9).

Lorsque Dieu créa Adam, il souffla dans ses narines et l'homme devint une âme vivante. Il n'est jamais dit de la brute que Dieu ait soufflé dans ses narines ; ici, c'est la création d'un être moral, immortel. Dans le XX de Jean (verset 22), c'est une autre vie, quoiqu'il y ait analogie entre les deux cas (Genèse et Jean).

Ici dans le XX de Jean, le dernier Adam souffle sur les disciples comme Esprit vivifiant. C'est l'Homme ressuscité qui donne le Saint Esprit comme puissance de vie. On peut prendre le XX de Jean comme un tableau de tout le temps actuel, quoiqu'il soit bien vrai qu'il a fallu attendre le jour de la Pentecôte pour que le Saint Esprit descendit du ciel.

L'Esprit est présenté ici comme vie, de même que dans les premiers versets de Romains, VIII ; le Christ ressuscité introduit les croyants dans une nouvelle position. Il les conduit à son Dieu et Père ; il leur donne la vie en abondance. Nous allons voir l'effet de cette vie de résurrection sur les chrétiens au temps actuel, où Jésus est au ciel et l'Esprit Saint ici-bas.

ÉTUDE DE L'APRÈS-MIDI

Colossiens, II, 20 ; III, 17.

Ce passage introduit notre second sujet, car ici nous voyons la mort et la résurrection considérées dans leurs effets actuels sur les chrétiens ici-bas, avant que Christ prenne le royaume pour régner jusqu'à ce que tous ses ennemis soient mis sous ses pieds.

Pour ne pas perdre le fil de notre première méditation, il faudra regarder un instant aux versets 10-15 (Colossiens, II), où il est dit que nous avons été ensevelis avec Christ dans le baptême. Le baptême représente la mort et l'ensevelissement d'un enfant d'Adam.

Lorsque quelqu'un a été enseveli, toute son histoire dans ce monde est terminée. Dans certains pays on ne permet pas d'ouvrir le testament d'un mort jusqu'à ce qu'on ait reçu, non seulement l'acte de son décès, mais aussi celui de son enterrement. L'homme a *disparu* de ce monde ; et ses héritiers, en ouvrant le testament vont commencer une histoire nouvelle.

Cette figure pourrait bien nous servir dans les choses spirituelles ; car il faut *disparaître* comme enfant d'Adam avant de commencer la vie de résurrection.

Le sujet de l'épître aux Colossiens est la vie, Christ en nous. Dans l'épître aux Romains, il est dit que l'Esprit est vie, car dans cette épître nous sommes envisagés comme ayant toutes choses dans l'Esprit. L'aspect est un peu différent dans l'épître aux Colossiens ; ici, c'est Christ qui est notre vie.

Or, dans le passage que nous considérons, l'épître aux Colossiens touche celle aux Ephésiens. Il est dit que lorsque nous étions morts dans nos fautes, Dieu nous a vivifiés ensemble avec Christ ; et remarquez-le bien, cela est dit après avoir parlé de la résurrection avec Lui.

Je crois que la résurrection de Lazare nous serait bien utile ici comme illustration. Lazare sortit du tombeau, ressuscité à la parole du Seigneur ; puis il a fallu qu'on le déliât des bandeaux de la mort, pour qu'il fût, en quelque sorte, rendu à la vie.

Nous nous trouvons sur la *plate-forme* de la résurrection dans l'épître aux Colossiens. La mort a terminé notre existence comme enfants d'Adam ; nous sommes ressuscités avec Christ, et maintenant nous vivons en Lui. Dieu veut qu'il y ait en nous l'expression de la vie, du beau caractère de Christ au milieu d'un monde qui l'a rejeté et crucifié. Dans l'épître aux Colossiens, nous voyons une compagnie de personnes qui représente Christ sur la terre, tandis qu'il est au ciel, caché aux yeux du monde. « Christ en vous, l'espérance de la gloire. »

Notre vie n'est pas de ce monde ; elle est celle d'un homme ressuscité et céleste. Nous avons vu que ressusciter veut dire « sortir du domaine de la mort » ; le chrétien donc serait comme une plante exotique ici-bas. Nous avons vu une plante africaine, (*Mimosa Nilotica*), qui mourut dans l'hiver de 1898 parce que le climat de Valence ne lui était pas favorable. Seulement la comparaison n'est pas bonne, car pour le chrétien, il existe des éléments pour entretenir la vie exotique, ce qui n'existait pas pour la pauvre plante égyptienne.

Or, les éléments propres à entretenir la vie ressuscitée, ne sont pas sur la terre, mais au ciel ; et voilà pourquoi il est dit de chercher les choses d'en haut où le Christ est assis à la droite de Dieu, et de penser à ces choses, de les affectionner.

La plante est renversée ; sa racine est en haut et ses fruits sont sur la terre.

Dans les Colossiens, la situation correspond avec le livre de Josué, au moment où Israël avait traversé le Jourdain et se trouvait sur la rive droite du fleuve. L'Arche qui resta au lit du Jourdain tandis que le peuple le traversait, représente Christ. Voici donc une figure de la mort et la résurrection avec Christ. A la mer Rouge, il n'y avait pas d'Arche, mais au passage du Jourdain, elle s'y trouve et représente Christ dans la mort et la résurrection, et le peuple, identifié avec l'Arche, représente la compagnie des croyants dans la mort et la résurrection avec Christ. Tous les chrétiens sont morts et ressuscités.

Il est vrai que les Colossiens étaient en danger de perdre la netteté de ces immenses vérités (la mort et la résurrection avec Christ) et voilà pourquoi l'apôtre parle si énergiquement (II, 20 — III, 4) : « Si vous êtes morts... pourquoi », et « si vous êtes ressuscités... cherchez, etc. »

Il s'agit de rompre réellement avec le monde et les choses d'ici-bas et de chercher celles d'en haut.

L'apôtre pose la base, en II, 20. — III, 4, des exhortations des versets 5-17, où nous voyons les effets de la mort et la résurrection avec Christ et la reproduction de sa vie dans les chrétiens.

On pourrait prendre comme comparaison la conquête du Mexique par Cortès. Lorsque ses soldats furent en Mexique, ils voulurent revenir dans leur vieille patrie (l'Espagne). Mais Cortès, qui ne reculait pas devant les grands moyens, prit un flambeau et brûla les vaisseaux de l'armée ; puis il leur dit : « Maintenant vous ne pouvez retourner en Espagne, les vaisseaux sont brûlés ! » Cela est devenu proverbial. Ici, l'apôtre Paul veut couper toutes les communications avec le vieux pays, c'est-à-dire avec la terre, et engager les chrétiens à user de diligence pour les choses du ciel.

On demande quelles sont « les choses d'en haut, où le Christ est assis » ; mais il me semble que l'expression n'est pas difficile à comprendre. Au centre du ciel, il y a maintenant un Homme glorifié, le Christ de Dieu dans une position céleste. Tout est rangé autour de Lui ; c'est un nouveau monde, dont le Christ est le soleil.

Nous parlons même dans ce monde des « choses d'Espagne » ou « des choses d'Egypte ». Ici, il s'agit des « choses d'En Haut », c'est-à-dire de ce nouveau monde auquel nous appartenons par la mort et la résurrection avec Christ.

« Pensez aux choses d'en haut ! » Que vos cœurs soient engagés avec les choses célestes, avec Christ lui-même dans le Ciel ! Il nous faut de l'exercice continuel dans ces choses ; car l'ennemi fera toujours son possible pour captiver notre cœur. Voilà ce qui est arrivé à Ephèse (Apoc., II) ; le *premier amour* a été abandonné. Or, il ne faut pas que cela arrive, car le Christ est digne de toute notre affection.

Puisse notre âme être nourrie de ces choses célestes ! Lorsqu'il y a une vraie activité de cœur pour ces choses d'en haut, on peut renoncer à tout ce qui est de ce monde. Dieu nous a conduits sur la rive droite du Jourdain, pour ainsi dire, et tout le pays est devant nous. Maintenant il s'agit de le cultiver et non d'imiter les Toscans, qui possèdent un sol fertile, mais qui le laissent en grande partie en friche.

Les résultats de la mort et la résurrection se trouvent au chapitre III, 15-17, où le Saint Esprit commence par la mortification des membres qui sont sur la terre, et termine par le plein service de Dieu dans ce monde. Nous comprenons qu'il s'agit ici de ce qui est moral, lorsque les « membres » sont mentionnés. « Renoncez vous aussi à toutes ces choses. » Ici, il est question de choses qui sont un peu moins grossières que ce qui est condamné au verset 5. Avant de revêtir les nouvelles robes, il faut déchirer les vieilles ; comme Elisée qui déchira en deux morceaux son vieux manteau, avant de revêtir celui d'Elie.

Le « nouvel homme » (verset 10), est une expression un peu différente de celle d'Ephésiens, IV, 23[1] ; car

1. Voir la note au Testament Pau-Vevey, 2me édition (1872).

dans l'épître aux Ephésiens, la grande pensée est celle de la nouvelle création. Ainsi dans cette épître « le nouvel homme » veut dire celui qui n'a pas existé préalablement ; tandis qu'ici dans l'épître aux Colossiens, l'adjectif veut dire ce qui est *neuf, pas vieux*. Il s'agit de la vie du Christ dans sa fraîcheur et sa vigueur.

Il est intéressant de remarquer ces différences qui tiennent aux sujets même des épîtres. Dans les Ephésiens, il s'agit de la ressemblance de Dieu (Eph., IV, 24) ; dans les Colossiens de son image (Col., III, 24) ; « Le nouvel homme est renouvelé en connaissance » ; cela veut dire qu'à tous les moments il y a du nouveau ; on est dans un chemin nouveau.

Depuis le chapitre III, 12, nous voyons les belles grâces de Christ, ces fruits de la plante exotique dont nous avons parlé déjà. Toutes les ressources célestes de Dieu sont à notre disposition ; et il veut qu'en nous brille le caractère d'une vie qui n'est pas de ce monde, mais du Christ ressuscité. Ces grâces ne sont pas celles que le monde estime (versets 12-15) ; elles sont celles de la vie de Christ. Tous les éléments de notre vie sont en Lui ; et nous restons dans ce monde pour représenter le Christ que le monde a chassé.

Ce n'est qu'après avoir saisi la vraie force de la mort et la résurrection qu'on peut ressembler à Christ. Sans cela, « l'imitation de Jésus Christ » est impossible. L'amour est le lien de la perfection ; et la paix du Christ doit présider dans les cœurs. On voit ici la solidarité des croyants (le seul corps est mentionné) et tout de suite après, ayant parlé de la parole du Christ, le Saint Esprit nous dit de nous exhorter et enseigner *l'un l'autre.*

Faisons-y attention ! Nous sommes « routiniers » depuis assez longtemps. Ne nous contentons pas de donner ou d'écouter des méditations, mais tâchons de prendre sérieusement notre part à l'édification des membres du corps de Christ. Prions le Seigneur de réveiller les chrétiens partout, afin que, dans les petits rassemblements, la vie de résurrection soit réalisée, et qu'il y ait de l'édification mutuelle.

Nous sommes sur le terrain de la résurrection. Christ est tout (Il est le seul Objet) ; et Il est en tous, comme vie. Tout est nouveau, car Dieu a voulu nous placer sur une base où toutes ses précieuses grâces peuvent être connues. Qu'il nous soit donné d'y faire quelques progrès, et d'expérimenter toujours plus, soit dans l'assemblée soit devant le monde, ce que veut dire la puissance de la résurrection !

DUCROS & LOMBARD - VALENCE

AUX AGNEAUX ET AUX BREBIS DE JÉSUS

1	La joie de l'Éternel, par J.-A. T.	0 10
2	La sympathie et la grâce de Jésus, par C.-H. M.	0 05
3	Ézéchias et Paul, par W.-T. T.	0 05
4	L'état chrétien et l'état d'un chrétien, par Géo C.	0 05
5	La couleur céleste, par F.-E. R.	0 05
6	L'appel et la grâce du Résidu, par J.-B. S.	0 10
7	La Lumière, par E.-L. B.	0 05
8	Le Fils de Dieu, par E. A.	0 05
9	Un vrai serviteur, par C.-A. C. (2e tirage)	0 05
10	Qui est pour le Seigneur ? T.-H. R.	0 05
11	Le Calendrier divin et la Nativité, par E. C.	0 05
12	Effets de la connaissance de Dieu et de l'amour de Christ, par F.-E. R.	0 10
13	Matin et soir, etc., par H.-C. A.	0 05
14	Le Sacrificateur s'offrant lui-même, etc., par F.-E. R.	0 05
15	Pensées sur la Cène, par E.-H. C.	0 05
16	Le Médiateur, par F.-E. R.	0 05
17	Sollicitude Fraternelle et Manquements Personnels, par Géo C.	0 10
18	Le Parfait Ouvrier, par C.-H. M.	0 10
19	Le Fils de Dieu et les Idoles, par J.-N. D.	0 10
20	La Résurrection, par E.-L. B.	0 20

Se trouvent chez **M. Gabriel BLANC**, rue Saunière, Valence

www.ingramcontent.com/pod-product-compliance
Ingram Content Group UK Ltd.
Pitfield, Milton Keynes, MK11 3LW, UK
UKHW022148260726
13993UKWH00005B/2234